Les fantômes, ça n'existe pas !

AF635292

Alles Digitale zu diesem Buch kann auf der Lernplattform **allango** von Ernst Klett Sprachen abgerufen werden. So geht's:

QR-Code scannen oder **www.allango.net** aufrufen | Buchtitel oder ISBN in der Suche eingeben und auf das Buchcover klicken | Zum Inhalt navigieren, direkt abrufen oder speichern

Dieses Symbol bedeutet, dass zu einem Buch-Abschnitt ein digitaler Inhalt verfügbar ist.

Laurent Jouvet

Les fantômes, ça n'existe pas !

Activités par Laure Boivin

Ernst Klett Sprachen
Stuttgart

1. Auflage 9 | 2026

Alle Drucke dieser Auflage sind unverändert und können im Unterricht nebeneinander verwendet werden.

Redaktion: Edith Michaelsen
Layoutkonzeption: Andreas Drabarek
Gestaltung und Satz: bostext, Leonberg
Umschlaggestaltung: Andreas Drabarek
Umschlagbild: Shutterstock, (Giordano Aita), New York
Tonregie und Schnitt: jkstudio GmbH, Stuttgart
Sprecher: Clémentine Bied-Charreton, Gilles Floret, Léo Guillier, Anne-Sophie Guirlet-Klotz, Edith Michaelsen, William Schulz, Denise Usal
Druck und Bindung: Salzland Druck, Staßfurt

Printed in Germany
ISBN 978-3-12-591821-4

PEFC-zertifiziert
Dieses Produkt stammt aus nachhaltig bewirtschafteten Wäldern und kontrollierten Quellen
PEFC/04-31-2251
www.pefc.de

Table des matières

Das Hörspiel ist online verfügbar (s. bitte die Zugangshinweise auf Seite 1 unten).

Vorwort

Liebe Schülerinnen und Schüler!

Lesen sollte zuallererst Spaß machen. Eine spannende Geschichte kommt aber nicht ohne einige Vokabeln aus, die ihr nach einem Jahr Französisch noch nicht kennt. Diese werden jeweils am Seitenende erläutert.
Wenn sich Jugendliche (aber auch Erwachsene) im Alltag unterhalten, wie hier z. B. Lola und ihr Bruder benutzen sie vorzugsweise das „français familier", das umgangssprachliche Französisch. Das hat z. B. folgende Merkmale:

- Bei Verneinungen fällt manchmal das ne weg:
  je sais pas statt je ne sais pas
- Bei Fragen wird die Intonationsfrage bevorzugt, in welcher die Reihenfolge der Wörter die gleiche bleibt, wie bei einem Aussagesatz:
  Tu vas bien ? Tu veux du cacao ?

Das Hörspiel zum Theaterstück steht euch online zur Verfügung (siehe bitte die Zugangshinweise auf Seite 1 unten).
Hilfreich – z. B. um die Aussprache der Wörter zu üben – ist, das Hörspiel anzuhören und zeitgleich leise die dazu passenden Teile des Theaterstücks vorzulesen.

Und nun viel Spaß mit Lola und Sébastien!

Les personnages

MONSIEUR BATIFFOL	
MADAME BATIFFOL	
LOLA	Les enfants de M. et Mme Batiffol
SÉBASTIEN	
TANTE AGATHE	La tante de monsieur Batiffol
JULIEN	Le petit-fils d'une amie de tante Agathe
UN CONTRÔLEUR	

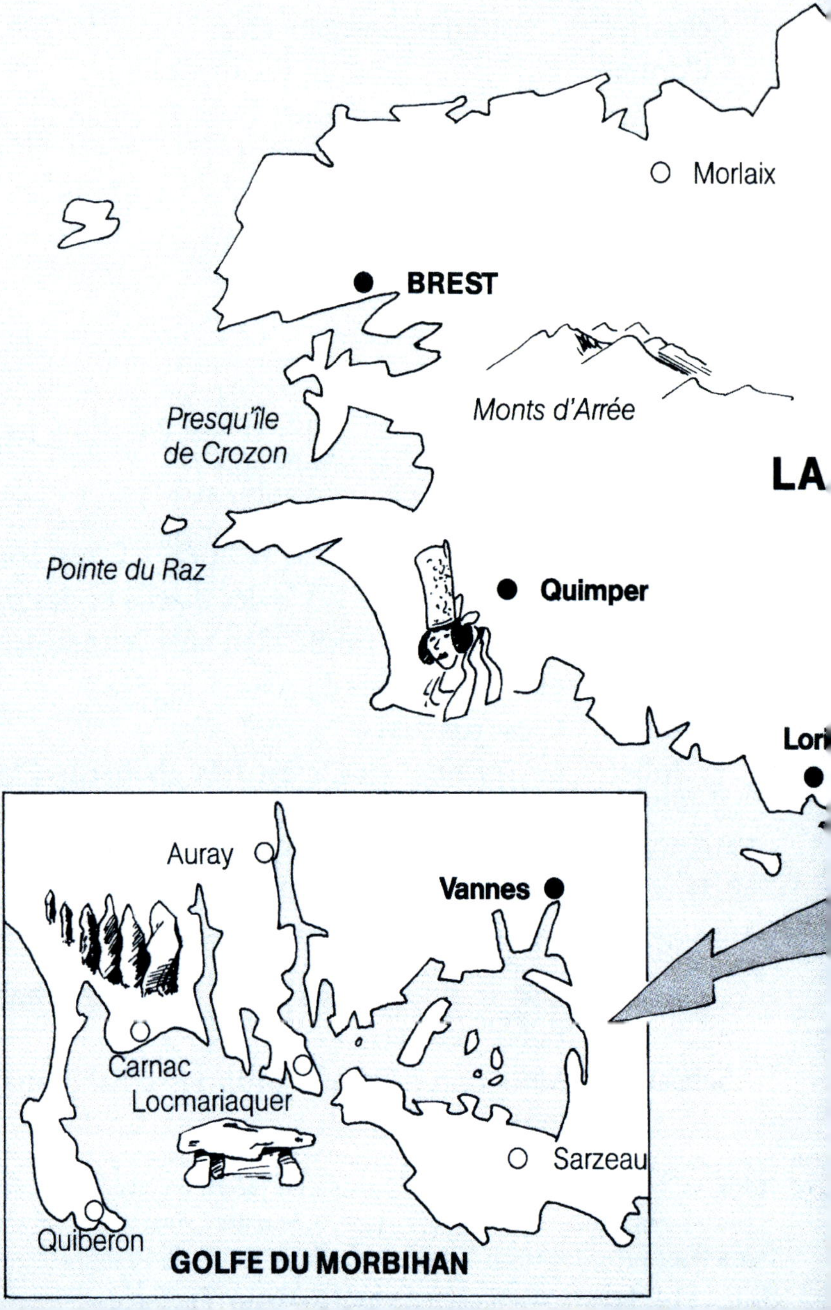
Morlaix
BREST
Monts d'Arrée
Presqu'île de Crozon
LA
Pointe du Raz
Quimper
Auray
Vannes
Carnac
Locmariaquer
Sarzeau
Quiberon
GOLFE DU MORBIHAN

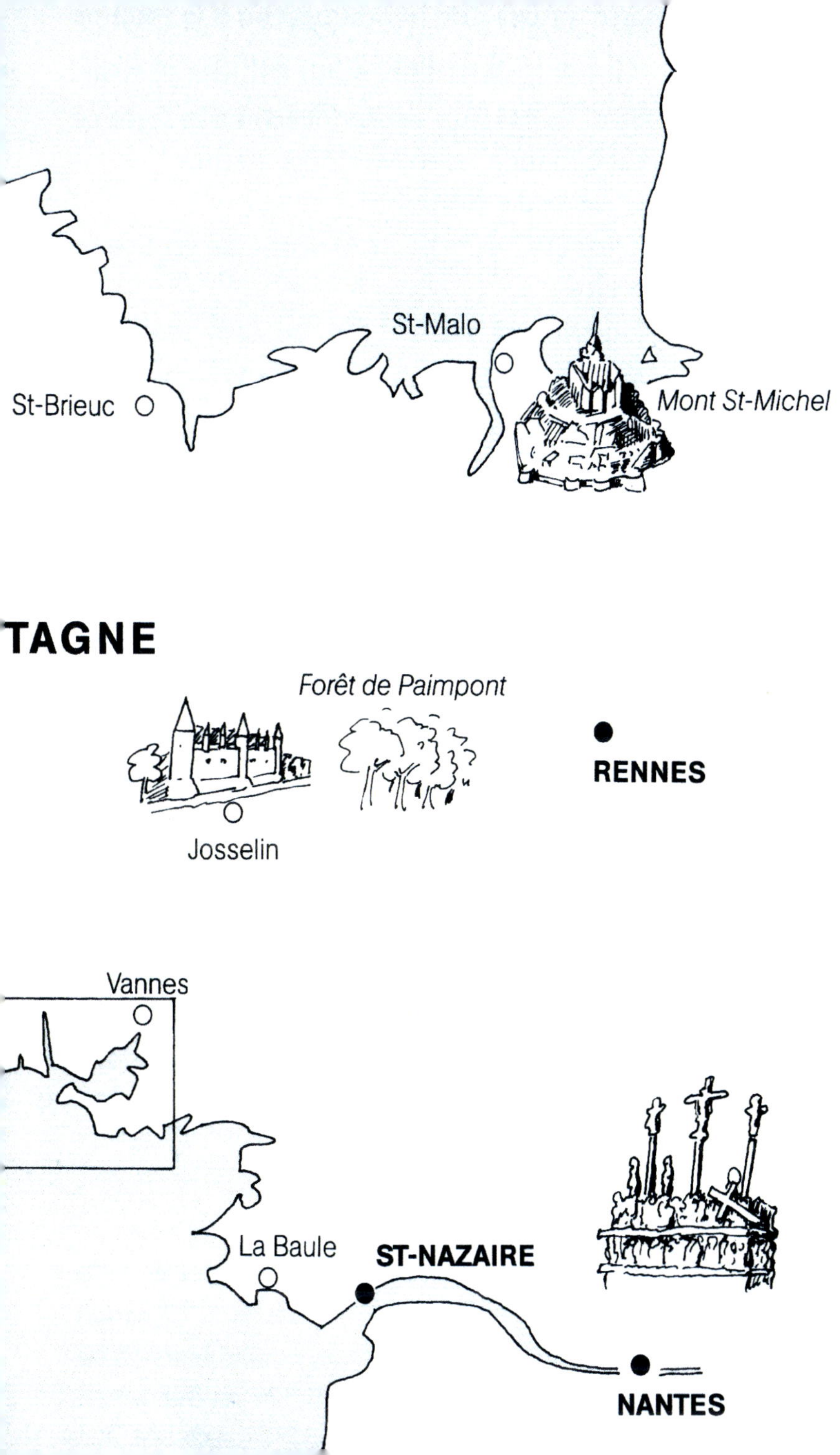
St-Malo
St-Brieuc
Mont St-Michel
TAGNE
Forêt de Paimpont
RENNES
Josselin
Vannes
La Baule
ST-NAZAIRE
NANTES

Scène 1

Chez les Batiffol

Dans l'appartement de la famille Batiffol, à Paris, madame Batiffol prépare le petit déjeuner dans la cuisine. Sa fille Lola entre.

LOLA : Salut, m'man !

MME BATIFFOL : Bonjour, Lola. Tu vas bien ?

LOLA : Oui ça va ! Mes affaires sont dans mon sac. Il est où, Sébastien ? On va être en retard !

MME BATIFFOL : Il est dans la salle de bains. Tu veux du cacao ?

LOLA : Oui, merci. Et papa, est-ce qu'il est prêt ?

MME BATIFFOL : Oui, il arrive. Il va avec vous à la gare. Lola, je compte sur toi, dans le train, pas de dispute avec ton frère !

LOLA : Mais, maman ! On n'est pas des bébés !

---

15 **compter** [kɔ̃te] **sur qn** sich auf jdn verlassen

Mme Batiffol : Oui, oui, je sais, ma chérie ! Vous êtes grands… Mais c'est la première fois que vous prenez le train sans nous.

Lola : Est-ce qu'elle est cool, tante Agathe ?

Mme Batiffol : Lola ! Tante Agathe a 70 ans ! Elle n'est peut-être pas « cool », mais elle est très gentille avec les enfants.

Sébastien arrive. Il embrasse sa mère, puis Lola.

Sébastien : Salut !

Lola : On est en retard, Sébastien, allez !

Sébastien : Maman, où est ma parka bleue ?

Lola : Mais Sébastien, la Bretagne, ce n'est pas le pôle Nord !

Sébastien : Mais il fait froid en Bretagne.

Lola : Oh là là ! T'en fais des histoires !

---

1 **mon chéri, ma chérie** Liebling | 3 **sans** ohne | 11 **embrasser** küssen

SÉBASTIEN : Laisse-moi tranquille, Lola !

MME BATIFFOL : Du calme, les enfants ! Sébastien, ta parka est là. Tiens, voilà ton bonnet.

Monsieur Batiffol entre, il embrasse sa femme et ses enfants.

M. BATIFFOL : Bonjour, tout le monde ! Vous êtes prêts ?

LOLA : Papa, on est en retard !

SÉBASTIEN : Maman, est-ce que je peux avoir du cacao ?

LOLA : On n'a pas le temps ! On va rater notre train !

MME BATIFFOL : Pas de panique, vous avez le temps. La gare n'est pas loin.

M. BATIFFOL : Vous êtes gentils avec ma tante, hein ? Elle aime les enfants sages.

LOLA : Elle est comment, ta tante ?

---

1 **laisse-moi tranquille** *fam* lass mich in Ruhe | 2 **du calme** *m* Ruhe | 11 **rater** verpassen | 16 **sage** *ici :* ruhig

M. BATIFFOL : Elle a 70 ans, elle est en pleine forme et elle est très gentille ! À votre âge, j'ai passé des vacances chez elle, dans le petit château de sa famille.

LOLA : Ah… Il y a Internet dans son château ?

MME BATIFFOL : Je ne sais pas…

M. BATIFFOL : Lola, oublie Internet, le château de tante Agathe est super ! Il y a une vieille tour mystérieuse et puis, dans la famille de tante Agathe, il y a des chevaliers.

SÉBASTIEN : Cool, moi j'aime les histoires de chevaliers.

LOLA : Hmm, moi, je déteste ça !

MME BATIFFOL : Mais il y a la mer près de chez tante Agathe et il y a aussi des chevaux.

LOLA : Ouais. J'espère qu'il y a aussi Internet…

---

1 **être en pleine Forme** *f* total fit sein | 13 **un chevalier** Ritter

MME BATIFFOL : On vient vous chercher en voiture dans une semaine.

M. BATIFFOL : Qui a les billets de train ?

LOLA : C'est moi ! Sébastien est trop petit...

SÉBASTIEN : Trop petit ? J'ai 12 ans, Lola !

M. BATIFFOL : Ça suffit... C'est l'heure, on va à la gare !

Sébastien et Lola embrassent leur mère et prennent leurs sacs.

MME BATIFFOL : Au revoir, les enfants ! Bon voyage !

LOLA ET SÉBASTIEN : Salut m'man ! Salut maman !

M. BATIFFOL : À plus, chérie.

Monsieur Batiffol et les enfants s'en vont. Madame Batiffol s'assoit.

MME BATIFFOL : Ouf ! Enfin des vacances !

---

3 **un billet** [bije] *ici :* Fahrkarte | 13 **s'en aller** weggehen | 14 **s'asseoir** sich hinsetzen

Scène 2

Dans le train pour Vannes

Monsieur Batiffol et les enfants sont sur le quai de la gare.

M. BATIFFOL : Vous téléphonez quand vous êtes chez tante Agathe, d'accord ? Lola, tu as ton portable ?

LOLA : Oui, j'ai mon portable. C'est promis, on vous téléphone !

M. BATIFFOL : Vous écrivez des messages à maman ? Elle aime avoir des nouvelles.

LOLA : Mais on reste juste une semaine en Bretagne, c'est pas long !

SÉBASTIEN : Moi, j'écris à maman.

LOLA : Quel bébé !

M. BATIFFOL : Lola, tu laisses ton frère, s'il te plaît ? Et attention, pas de bagarres chez tante Agathe, d'accord ?!

---

un quai *ici :* Bahnsteig | **c'est promis** versprochen | **une nouvelle** Nachricht | **une bagarre** Streit

LOLA : Oui, on va être sages comme des images, comme toujours !

M. Batiffol dit au revoir à ses enfants. Lola et Sébastien montent dans le train.

LOLA : Viens, on va en première classe !

SÉBASTIEN : Mais on a des places en seconde, pas en première !

LOLA : Et alors ? Viens avec moi !

Ils vont en première classe.

LOLA : C'est super, ici. Il n'y a personne. On reste !

SÉBASTIEN : Et le contrôleur ?

LOLA : Le contrôleur ? Et alors ? Tu as peur ?

Un contrôleur arrive.

LE CONTRÔLEUR : Bonjour ! Vos billets s'il vous plaît !

---

10 **ne … personne** niemand | 14 **avoir peur** *f* Angst haben

LOLA ET SÉBASTIEN :	Bonjour.

Lola montre son billet au contrôleur.

LE CONTRÔLEUR :	Ce billet est pour la seconde classe. Vous avez un autre billet, s'il vous plaît ?
LOLA :	Un autre billet ? Ah oui, pardon ! Sébastien, où est l'autre billet ?
SÉBASTIEN :	L'autre billet ? C'est toi qui...
LOLA :	Une minute, monsieur le contrôleur, il est dans le sac de mon frère ! Sébastien, regarde dans ton sac !
SÉBASTIEN :	Mais non ! Quelle peste ! Je n'ai pas le billet !
LOLA :	Une peste ! Moi ? Monsieur, mon petit frère dit que je suis une peste !
SÉBASTIEN :	Je ne suis pas petit ! Mais toi, tu es une vraie peste !

12 **Quelle peste !** *fam ici :* Plage!

LOLA : Monsieur, le billet est à la maison. Il n'est pas dans le sac de mon petit frère !

SÉBASTIEN : Mais… !

Le contrôleur rigole.

LE CONTRÔLEUR : Du calme, les enfants. C'est simple, vous avez un billet pour la seconde classe, alors vous allez en seconde classe.

Lola et Sébastien vont en seconde classe.

Scène 3

Chez tante Agathe

À Vannes, tante Agathe est sur le quai de la gare. Lola et Sébastien descendent du train.

LOLA ET SÉBASTIEN : Bonjour tante Agathe !

TANTE AGATHE : Bonjour, mes petits ! Vous avez fait bon voyage ? Comme vous êtes grands, maintenant ! Venez, j'habite au bord de la mer dans un petit château. Julien est déjà là, c'est le petit-fils de mon amie Françoise. Il a votre âge et il passe aussi ses vacances chez moi.

LOLA : Tante Agathe, qu'est-ce qu'on va faire cette semaine ?

TANTE AGATHE : Des balades sur la plage, du vélo, de l'équitation.... On peut visiter les menhirs de Carnac et de Locmariaquer…

SÉBASTIEN : Des menhirs, comme dans Astérix ?

---

3 **descendre** ≠ monter | 6 **un voyage** Reise | 17 **un menhir** [meniʀ] aufgerichteter Hinkelstein

TANTE AGATHE :	Oui, comme dans Astérix !
LOLA :	Euh, est-ce qu'il y a Internet, chez toi ?
TANTE AGATHE :	Ah ma petite Lola, il y a beaucoup de choses à faire, ici ! On n'a pas le temps de surfer sur Internet !

Lola fait la tête et tapote sur son portable.

SÉBASTIEN :	Tante Agathe, est-ce qu'il y a des fantômes dans ton château ?
TANTE AGATHE :	On dit que oui, mais c'est une légende.
LOLA :	Oui, bien sûr, ça n'existe pas, les fantômes !
TANTE AGATHE :	Les fantômes de mon château sont très discrets !
LOLA :	Mais !... Je ne veux pas dormir avec des fantômes, moi !

---

7 **faire la tête** *expr* schmollen | 7 **tapoter** *ici :* herumtippen | 15 **discret, discrète** zurückhaltend | 16 **dormir** schlafen

SÉBASTIEN : Tu dis que les fantômes, ça n'existe pas ! Bon, alors, on va au château ?

Scène 4

La rencontre avec Julien et Aristote

Chez tante Agathe, dans la chambre de Lola et Sébastien.

TANTE AGATHE :	Alors, ça va, les enfants ? Julien arrive bientôt, il est avec Aristote sur la plage… On visite le château ?

Tante Agathe montre le château aux enfants.

TANTE AGATHE :	Voici la tour. Elle est du XVIe siècle. Ce château est à ma famille depuis ce temps-là.
LOLA :	*(À Sébastien)* Tu racontes ça à maman, hein ? Elle aime ces détails !
SÉBASTIEN :	Pas toi ?
LOLA :	Bof.
SÉBASTIEN :	Moi, j'adore. C'est un vrai château avec des fantômes !

---

8 **une tour** Turm | 8 **XVIe** le, la seizième *(der, die, das sechzehnte)* |
8 **un siècle** Jahrhundert

Lola : Tu délires ! Ça n'existe pas, les fantômes !

Sébastien : Pourquoi pas ? *(À tante Agathe)* Tante Agathe, les fantômes, ils sont où ?

Tante Agathe : Dans la tour, bien sûr ! Mais on ne les voit pas souvent : nous sommes très timides dans la famille… *(Elle rit.)*

Ils arrivent dans la salle à manger.

Tante Agathe : Est-ce que vous avez faim, les enfants ? J'ai une bonne brioche bretonne pour vous…

Julien entre.

Tante Agathe : Ah, voilà Julien !

Julien fait la bise à Lola et Sébastien.

Julien : *(À Lola)* Salut ! *(À Sébastien)* Salut !

---

1 **délirer** *fam* spinnen | 7 **souvent** oft | 8 **timide** schüchtern |
12 **une brioche** Hefezopf

Tante Agathe : Je vous laisse, je vais dans la cuisine pour préparer le dîner. Julien, tu présentes Aristote à Lola et Sébastien ?

Tante Agathe va dans la cuisine. Les enfants mangent.

Lola : C'est qui, Aristote ?

Julien : C'est un philosophe grec.

Lola : Ah bon, il est en vacances ici ?

Julien : Mais non ! Aristote, c'est le chien de ma grand-mère. Il est très intelligent.

Lola : Ah ?...

Aristote arrive.

Sébastien : Le voilà ! Bonjour, Aristote !

Le chien est content.

Lola : *(À Julien)* Eh ! Il ne répond pas. Il ne parle pas, ton chien intelligent ?

Julien : C'est malin !

---

2 **un dîner** Abendessen | 7 **grec, grecque** griechisch | 17 **c'est malin** *ici :* sehr lustig

LOLA : Alors, tu habites à Rennes ? C'est comment, Rennes ?

JULIEN : C'est chouette, j'aime bien ma ville. C'est la capitale de la Bretagne. Et pas loin de Rennes, il y a la mer et aussi la forêt de Brocéliande, avec Merlin et Arthur !

SÉBASTIEN : C'est vrai ? Génial ! J'adore les chevaliers !

LOLA : C'est qui « Merlin et Arthur », un groupe de rock ?

SÉBASTIEN : Lola... Merlin et Arthur, ce sont des personnages de la légende « des Chevaliers de la Table Ronde », au Moyen Âge.

JULIEN : Écoutez, il y a un mystère dans le château de votre tante ! La nuit, il y a parfois des fantômes ! Ce sont peut-être des fantômes de chevaliers. Et elle leur parle !

---

4 **la capitale** Hauptstadt | 6 **la forêt de Brocéliande** *ein imaginärer Wald (vielleicht der Wald von Paimpont, s. Karte S. 8–9)* | 13 **un personnage** Figur | 14 **les Chevaliers** *mpl* **de la Table Ronde** die Ritter der Tafelrunde | 15 **le Moyen Âge** Mittelalter | 18 **parfois** manchmal

LOLA : Mais, elle est folle, tante Agathe ! Raconte !

SÉBASTIEN : Oh oui !

JULIEN : Ma grand-mère raconte qu'il y a des salles inconnues dans ce château, et des portes secrètes. Mais tante Agathe ne dit pas où. On dit aussi que le Chevalier Adalbert a enfermé sa femme Lucie dans le château, il y a très, très longtemps. Et Lucie revient parfois la nuit.

SÉBASTIEN : Et est-ce qu'il y a un trésor ?

JULIEN : Tante Agathe dit que c'est une légende. Mais elle parle aussi avec Lucie, quand elle vient la nuit !

LOLA : Elle est folle, tante Agathe !

JULIEN : Je ne crois pas ! Aristote sait quand Lucie est là.

SÉBASTIEN : Cool ! Un fantôme, un vrai ! Comme dans les histoires !

---

1 **fou, folle** verrückt | 5 **inconnu, inconnue** unbekannt | 6 **secret, secrète** geheim | 8 **enfermer** einsperren | 11 **revenir** wieder kommen | 12 **un trésor** Schatz | 17 **croire** glauben | 17 **savoir** wissen

LOLA : Moi, je ne crois pas aux fantômes : ça n'existe pas !

Scène 5

Un rêve bizarre

Le soir, Lola et Sébastien sont dans leur lit dans une chambre du château. Julien est dans une autre chambre.

TANTE AGATHE : Les enfants, il va y avoir une tempête cette nuit. Vous n'avez pas peur ?

LOLA : Mais non, tante Agathe, on est grands !

TANTE AGATHE : Très bien ! Alors bonne nuit les enfants !

SÉBASTIEN : Bonne nuit, tante Agathe. À demain, Lola !

Tante Agathe s'en va. Lola tapote sur son portable.

LOLA : Il est sympa, Julien, non ?

SÉBASTIEN : Ouais, et j'aime bien son chien.

LOLA : Bonne nuit !

SÉBASTIEN : Bonne nuit !

Il y a du vent, des portes claquent…

LOLA : Sébastien ! Tu dors ?

SÉBASTIEN : Non.

LOLA : Est-ce que tu entends ces bruits ?

SÉBASTIEN : Tu as peur ? C'est le vent, c'est pas grave…

Enfin, les enfants dorment. Minuit sonne. Lola rêve. La porte s'ouvre. On entend une voix.

LA VOIX : Bonjour, Lola !

Lola dort, mais elle parle.

LOLA : Hein ? Qui est là ?

LA VOIX : C'est moi, Lucie ! Je vais te dire un secret.

LOLA : Lucie ? Un secret ? Quoi ?

---

2 **dormir** schlafen | 6 **grave** schlimm | 7 **minuit sonne** es schlägt Mitternacht | 8 **une voix** Stimme

La voix :	Voici le secret : Dans la bibliothèque de mon château, il y a une étagère. Derrière l'étagère, il y a une porte, puis un escalier, puis ma chambre. Dans ma chambre, il y a quelque chose pour toi, Sébastien et Julien.
Lola :	Comment ?
La voix :	Lola, cherche la porte…
Lola :	Mais quelle porte ? Où ça ?
La voix :	L'histoire ouvre toutes les portes. Au revoir !

Aristote entre et monte sur le lit de Lola. Elle crie… et se réveille !

Lola :	Au secours !
Sébastien :	Qu'est-ce qu'il y a ? Pourquoi tu cries ?
Lola :	J'ai rêvé !
Sébastien :	Ah ?

---

2 **une étagère** Regal | 4 **un escalier** Treppe | 12 **crier** schreien | 13 **se réveiller** aufwachen

LOLA :	J'ai rêvé de Lucie ! Je sais où est sa chambre !
SÉBASTIEN :	Toi aussi, tu es folle ! C'est un rêve, c'est tout !
LOLA :	Non ! Viens, on va à la bibliothèque.
SÉBASTIEN :	À la bibliothèque ? La nuit ?

Julien entre.

JULIEN :	Pourquoi vous criez comme ça ? Qu'est-ce qu'il y a ? Des fantômes peut-être ?
LOLA :	Oui ! Enfin… non. J'ai rêvé de Lucie.
SÉBASTIEN :	Elle veut aller à la bibliothèque, cette nuit.
LOLA :	Lucie dit que dans la bibliothèque, il y a une étagère, et derrière, il y a une porte !
JULIEN :	Ah ? Et alors ?
LOLA :	On va à la bibliothèque, pour voir !

SÉBASTIEN :	Mais ça va pas ! Tu as rêvé, c'est tout ! Pourquoi aller à la bibliothèque en pleine nuit ?
LOLA :	Lucie m'a parlé ! Il y a quelque chose pour nous dans la chambre !
JULIEN :	*(À Sébastien)* Bon, alors on y va.

3 **en pleine nuit** *f* mitten in der Nacht

Scène 6

Dans la tour mystérieuse

Les trois jeunes ont une bougie. Ils entrent dans la bibliothèque et cherchent dans l'étagère.

SÉBASTIEN : Ouais, ben moi, je ne trouve rien. Et j'ai froid en pyjama !

JULIEN : Moi aussi ! Qu'est-ce qu'elle a dit, Lucie ? Où est la porte ?

LOLA : Euh… Elle dit que l'histoire ouvre toutes les portes…

JULIEN : « L'histoire ouvre toutes les portes. » Qu'est-ce que ça veut dire ?

LOLA : Regardez ! Là ! Sur l'étagère ! *L'Histoire de France en 20 tomes !*

Lola prend quelques livres.

LOLA : Oh ! Il y a quelque chose derrière.

2 **une bougie** Kerze | 13 **un tome** (Buch)Band

SÉBASTIEN : Une poignée de porte ! Allez, on ouvre !

L'étagère s'ouvre comme une porte.

SÉBASTIEN : Ouh là là ! C'est tout noir !

JULIEN : On prend la bougie !

SÉBASTIEN : Un escalier ! Tu… tu y vas ?

JULIEN : OK ! C'est super, cette histoire ! Vous n'avez pas peur, hein ?

LOLA : Mais non ! Allez, Sébastien, je marche derrière toi…

SÉBASTIEN : Wouh ! Il fait froid !

JULIEN : Regardez ! Il y a une petite chambre.

SÉBASTIEN : Cool !

LOLA : La chambre de Lucie !

SÉBASTIEN : Comment tu sais ça ?

LOLA : Ben, c'est comme dans mon rêve…

---

1 **une poignée de porte** Türgriff | 4 **noir, noire** *ici :* dunkel

Une porte claque et la bougie s'éteint.

LOLA : Mince ! On n'a plus de lumière !

JULIEN : Pas de panique ! Je monte et je vais ouvrir. *(Il monte.)* Ah, zut ! On ne peut plus ouvrir !

SÉBASTIEN : Oh là là, c'est comme dans un film !

JULIEN : Oui, mais il est mauvais, ton film ! Du calme, on va trouver une solution. Il y a peut-être une autre porte ou une fenêtre dans la chambre.

Les enfants cherchent dans le noir.

JULIEN : Ici, il y a une fenêtre, mais elle est trop petite.

SÉBASTIEN : Écoutez ! Il y a du bruit ! C'est la porte de la bibliothèque !

LOLA : Mon dieu ! C'est le fantôme de Lucie !

---

1 **s'éteindre** ausgehen | 9 **une solution** Lösung

UNE VOIX : Mais qu'est-ce qu'il y a, les enfants ? Qu'est-ce que vous faites là ?

SÉBASTIEN : Tante Agathe ! On a trouvé la chambre de Lucie ! Mais on n'a pas de lumière !

TANTE AGATHE : J'arrive avec une lampe. *(Elle entre.)* Oh ! La chambre de Lucie ! Fantastique ! Je la cherche depuis cinquante ans !

LOLA : C'est Lucie, tante Agathe, c'est Lucie ! Elle m'a parlé !

TANTE AGATHE : Lucie ?! Mais elle est du Moyen Âge, Lucie !!

LOLA : Ben… Oui, mais c'est dans un rêve !

TANTE AGATHE : Elle est bizarre, ton histoire !

Tante Agathe regarde la chambre.

TANTE AGATHE : Regardez sur la table !

LOLA : Oh ! Un coffret à bijoux ! Est-ce que ce sont les bijoux de Lucie ?

---

18 **un coffret à bijoux** *mpl* Schmuckkästchen

TANTE AGATHE :	Peut-être ? *(Tante Agathe ouvre le coffret.)* Regardez ce beau collier ! Et ce bracelet ! Fantastique !
LOLA :	Oh ! Ils sont du Moyen Âge ?
TANTE AGATHE :	Oui, bien sûr !
SÉBASTIEN :	Oh là là ! Et regarde, là, tante Agathe, un arc !
TANTE AGATHE :	Il est très beau !
JULIEN :	Et cette vieille coupe, ici, elle est en argent ?
TANTE AGATHE :	Euh… oui… je crois … Tiens, Lola, ce collier et ce bracelet sont pour toi. Et pour toi, Sébastien, voici l'arc. La coupe est pour Julien !
LOLA :	Oh ! Merci, tante Agathe ! Tu es trop gentille. Mais ces choses sont à toi !
TANTE AGATHE :	Non, non, vous les avez trouvées, elles sont donc à vous maintenant !

2 **un collier** Halsband | 3 **un bracelet** Armband | 7 **un arc** Bogen | 10 **une coupe** Schale | 11 **l'argent** m *ici :* Silber | 20 **donc** also

Sébastien : Merci beaucoup pour l'arc, tante Agathe.

Lola : Eh bien moi, maintenant, je crois aux fantômes !

Sébastien : Mais non, les fantômes, c'est dans ton rêve, ça n'existe pas !

Julien : Oui, mais dans le rêve de Lola, il y a l'étagère ! Et il y a aussi la clé[8] pour ouvrir la porte : « L'histoire ouvre toutes les portes. »

Tante Agathe : Eh oui, on fait des rêves fantastiques dans nos vieux châteaux bretons…

Lola : C'est super, la Bretagne !

8 **une clé** Schlüssel

Scène 7

Quelle histoire !

C'est la fin des vacances. Julien est déjà à Rennes. Monsieur et Madame Batiffol arrivent chez tante Agathe. Ils font la bise à tante Agathe.

M. BATIFFOL : Bonjour, tante Agathe, tu vas bien ?

TANTE AGATHE : Très bien. Tes enfants sont charmants ! Tu sais, on a trouvé un vrai trésor chez moi !

Lola montre le collier et le bracelet dans le coffret.

LOLA : Regardez, on a trouvé un trésor dans une chambre secrète !

Sébastien montre l'arc.

SÉBASTIEN : Et ça aussi ! C'est un cadeau de tante Agathe !

MME BATIFFOL : Et on trouve ça comment, un trésor ?

SÉBASTIEN : Alors voilà, une nuit, Lola rêve de Lucie.

---

2 **la fin** Ende

M. BATIFFOL : C'est qui, Lucie ?

LOLA : Tu ne connais pas Lucie ? Adalbert a enfermé Lucie dans le château de tante Agathe, au Moyen Âge !

M. BATIFFOL : Adalbert ? Euh… et alors ?

SÉBASTIEN : Lucie, maintenant, c'est un fantôme, tu comprends ?

MME BATIFFOL : Mais les fantômes, ça n'existe pas !

M. BATIFFOL : Bon, les enfants, vous nous racontez cette histoire dans la voiture ? Allez chercher vos sacs !

Lola et Sébastien s'en vont.

M. BATIFFOL : Tante Agathe, je reconnais ces « bijoux » et cet arc : à 12 ans, j'ai joué avec !

TANTE AGATHE : Ah bon ? Tu crois ? Tu sais, pour les enfants, un château est ennuyeux. Alors, j'ai organisé une petite aventure pour les enfants !

---

13 **reconnaître** wieder erkennen | 17 **ennuyeux, ennuyeuse** [ɑ̃nɥijø, ɑ̃nɥijøz] langweilig | 19 **une aventure** Abenteuer

MME BATIFFOL : Et le « fantôme » de Lucie, c'est toi?

TANTE AGATHE : Tu sais, Lucie et moi, on aime beaucoup le théâtre !

3 **le théâtre** *ici :* Schauspiel(erei)

Activités

Avant la lecture/l'écoute

1. Regarde la couverture :

a) À ton avis *(deiner Meinung nach)*, qui est-ce qui habite dans ce château ? Ces personnes, qu'est-ce qu'elles font toute la journée / toute la nuit ?

b) Imagine *(Stell dir vor)* : Tu rencontres une personne qui habite dans ce château. Pose des questions à cette personne.

c) Tu as envie de passer des vacances dans ce château ? Pourquoi (pas) ? Raconte.

2. Lis le titre :

a) Est-ce que tu penses que les fantômes existent ? Pourquoi ?

b) Fais un filet de mots autour du mot « fantôme ». Aide-toi d'un dictionnaire. *(Nimm ein Wörterbuch zu Hilfe.)*

Scène 1 : Chez les Batiffol

1. Lis la scène 1 et coche la bonne réponse.

a) Qui parle dans cette scène ?
- ☐ Sébastien
- ☐ Lola
- ☐ M. Batiffol
- ☐ Mme Batiffol
- ☐ Tante Agathe

b) La scène se passe
- ☐ le matin.
- ☐ à midi.
- ☐ l'après-midi.

c) Lola et Sébastien vont chez tante Agathe
- ☐ en train.
- ☐ en voiture.
- ☐ en avion.

d) Tante Agathe a
☐ 70 ☐ 80 ☐ 90 ans.

2. Relis la scène 1. Coche la bonne réponse. Corrige quand c'est faux.

a) Lola dit qu'il fait froid en Bretagne.
☐ vrai ☐ faux

b) Sébastien est le grand frère de Lola.
☐ vrai ☐ faux

c) Lola et Sébastien sont en retard.
☐ vrai ☐ faux

d) Les enfants restent deux semaines chez tante Agathe.
☐ vrai ☐ faux

e) À la fin de la scène, Mme Batiffol est triste.
☐ vrai ☐ faux

3. Présente *(stell... vor)* la famille Batiffol.

4. Ferme ton livre et écoute la scène 1.
   a) Wie gefallen dir die Stimmen?
   b) Hättest du sie dir so vorgestellt?

Konntest du alles verstehen? Nein? Keine Sorge, das ist normal. Beim Hörverstehen versuche möglichst entspannt zu bleiben und weiter zuzuhören. Es gibt immer wieder ein paar Wörter, die du erkennen wirst.

5. Écoute la scène 1 encore une fois et tape doucement *(sanft)* sur la table quand tu entends le mot *train*.

6. Fais un filet de mots sur le thème « prendre le train ». Aide-toi d'un dictionnaire. *(Nimm ein Wörterbuch zu Hilfe)*

Scène 2 : Dans le train pour Vannes

1. **Écoute la scène 2 et coche la bonne réponse. Corrige quand c'est faux.**

Beim Zuhören achte auf den Tonfall der Sprecher. Stellen sie Fragen, machen sie Aussagen, sind sie etwa genervt?

a) Lola et son frère vont écrire à leur maman.
☐ vrai ☐ faux

b) Dans le train, les jeunes vont d'abord en seconde classe.
☐ vrai ☐ faux

c) Sébastien n'a pas le billet de train.
☐ vrai ☐ faux

d) Les jeunes restent en première classe.
☐ vrai ☐ faux

2. **Lis la scène 2 et complète / corrige tes réponses à l'activité 1.**

3. **Sur la carte pages 8–9, regarde où est la ville de Vannes. Qu'est-ce qu'il y a près de Vannes ? Décris. *(Beschreibe.)***

En plus

Pendant le voyage, Lola et Sébastien discutent.
Avec un(e) partenaire, écris le dialogue, puis joue-le.

Scène 3 : Chez tante Agathe

1. Écoute la scène 3 une première fois et coche la bonne réponse.

Sur le quai, Lola et Sébastien rencontrent

☐ tante Agathe. ☐ Julien.

☐ Julien et tante Agathe.

2. Écoute la scène 3 et lis le texte de la scène dans ton livre. Ensuite, lis ce résumé et corrige-le dans ton cahier.

Lola et Sébastien arrivent à Nantes. Tante Agathe habite dans un grand château au bord de la mer. Chez tante Agathe, il y a aussi une fille, Julia. C'est la petite-fille de Françoise, une amie de tante Agathe. Selon *(laut)* tante Agathe, on peut surfer sur Internet, faire du roller, regarder la télé et faire du vélo. Tante Agathe dit que les fantômes de son château sont gentils.

En plus

Imagine *(Stell dir vor)* : Tu es Lola ou Sébastien. Qu'est-ce que tu voudrais faire chez tante Agathe ? Explique.

Scène 4 : La rencontre avec Julien et Aristote

1. Écoute la scène 4 une première fois et coche la bonne réponse.

Les jeunes rencontrent
- ☐ d'abord Julien, puis Aristote.
- ☐ d'abord Aristote, puis Julien.
- ☐ Julien et Aristote en même temps *(zeitgleich)*.

2. Écoute la scène 4 et lis en même temps le texte de la scène dans ton livre. Coche la bonne réponse. Quand c'est faux, corrige.

a) Sébastien est content parce qu'il aime les vieux châteaux.
☐ vrai ☐ faux

b) Tante Agathe explique aux jeunes qu'il n'y a pas de fantômes.
☐ vrai ☐ faux

c) Aristote est un garçon intelligent.
☐ vrai ☐ faux

d) Julien n'aime pas Rennes.
☐ vrai ☐ faux

e) Lucie est la sœur du Chevalier Adalbert.
☐ vrai ☐ faux

3. Présente Julien et Aristote.

Les mots de l'histoire

Regarde l'image et complète le texte.

Les mots sont aussi dans la scène 4 !

Ces personnages sont des ....

Devant eux, il y a une .... et une épée *(Schwert)*.

On appelle ces personnages les « ....

.... » .

La .... de Merlin et d'Arthur est une

histoire inventée *(erfunden)*. Souvent, ces personnages

cherchent un .... Mais comment le

trouver ? On ne sait pas, c'est un .... !

En plus

Dessine la légende d'Adalbert et de Lucie.

Scène 5 : Un rêve bizarre

1. Écoute la scène 5 une première fois. Coche la bonne réponse.

Qui fait un rêve ?

☐ Sébastien ☐ Julien ☐ Lola

2. Écoute la scène 5 une seconde fois et lis en même temps le texte. Complète le résumé.

C'est le soir, les jeunes sont au lit. Mais il y a beaucoup de .... et il ....  : c'est une tempête ! Lola et Sébastien n'ont pas ....  mais il y a des bruits… Enfin, ils dorment. Lola .... . Lucie parle à Lola : elle raconte comment aller dans sa chambre secrète.

Lola va .... quelque chose là-bas.

Lucie dit de chercher la .... 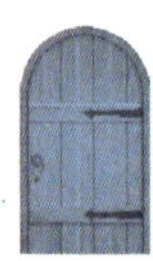.

Alors, après ce rêve, Lola et les garçons vont à la ....  du château…

En plus

Das *futur composé*

- Mit dem *futur composé* kannst du zukünftige Handlungen ausdrücken.
- Das *futur composé* setzt sich aus zwei Teilen zusammen: aus einer konjugierten Form von *aller* und einem Infinitiv.

Beispiel: Das Verb *faire* im *futur composé*:
- Demain, je **vais faire** une balade.
- Demain, je ne **vais** pas **faire** de balade.

Wie wird das Verb *aller* konjugiert?
Vervollständige:

Je ....

Tu ....

Il/Elle/On ....

Nous ....

Vous ....

Ils/Elles ....

À ton avis, qu'est-ce qui va se passer dans la scène 6 ? Raconte. Utilise le futur composé.

Scène 6 : Dans la tour mystérieuse

1. Écoute la scène 6. Coche la bonne réponse.

Après le rêve de Lola, les jeunes

- ☐ vont au lit.
- ☐ trouvent la chambre de Lucie.
- ☐ trouvent la bibliothèque de Lucie.

2. Lis la scène 6 et vérifie *(prüfe)* ta réponse à l'activité 1.

**3. Mets les mots dans le bon ordre.
Écris les phrases dans ton cahier.**

a) la bibliothèque / vont / les jeunes / dans /
b) ne / ils / d'abord, / trouvent / rien
c) une porte / derrière / d'histoire / des livres / y / a / il
d) peur / n' / les jeunes / pas /ont
e) la chambre / arrivent / dans / ils / de / Lucie / après
f) a / lumière / mais soudain / n' / il / plus de / y
g) et / fermée / est / la porte
h) une lampe / avec / tante Agathe / arrive / heureusement *(zum Glück)*
i) les jeunes / il / a / super / y / un trésor / pour

4. Quel trésor est pour qui ? Relie.

Lola ○ ○ une coupe

Sébastien ○ ○ des bijoux

Julien ○ ○ un arc

5. À la fin, qui croit aux fantômes ?

☐ Sébastien ☐ Lola

En plus

Au choix *(zur Auswahl)* :

1. Dessine la scène en BD.

2. En petits groupes (avec 4 acteurs) : Jouez la scène.
   - D'abord, préparez les objets et le décor.
   - Chaque élève joue un rôle.
   - Apprenez le dialogue et jouez la scène.

3. Alors, les fantômes, ça existe ou pas ? Lola et Sébastien ne sont pas d'accord. Imagine leur dialogue.

4. Sébastien écrit un courriel à son copain pour lui raconter sa nuit extraordinaire en Bretagne. Écris ce message.

Liste des abréviations

≠	antonyme de
→	mot de la même famille
etw	etwas
expr	expression *(Ausdruck)*
f	féminin
fam	familier
fpl	féminin pluriel
jdm	jemandem
jdn	jemanden
m	masculin
mpl	masculin pluriel
qc	quelque chose
qn	quelqu'un

Bildnachweis

8 Klett Archiv, Stuttgart; **21, 27, 32** Fotolia (yusak_p), New York; **38** Fotolia (anton_lunkov), New York; **41** Fotolia (yusak_p), New York; **49** Fotolia (Igor Zakowski), New York; **50.1, 50.2** Fotolia (Colorlife), New York; **50.3** Fotolia (sararoom), New York; **50.4** Fotolia (antimartina), New York; **50.5** Shutterstock (belander), New York; **50.6** Fotolia (St22), New York; **53.1** Shutterstock (ADE2013), New York; **53.2** Fotolia (anton_lunkov), New York; **53.3** Shutterstock (Grimgram), New York.